Vorsicht, Dinos!

DK | Penguin Random House

Lektorat Penny Smith
Gestaltung und Bildredaktion
Leah Germann, Almudena Díaz,
Myriam Megharbi
Herstellung Angela Graef
Beratung Dinosaurier Dougal Dixon
Leseberatung Cliff Moon, M.Ed.

Für die deutsche Ausgabe:
Programmleitung Monika Schlitzer
Redaktionsleitung Martina Glöde
Projektbetreuung Nadine Matheiowetz,
Christian Noß
Herstellungsleitung Dorothee Whittaker
Herstellungskoordination Bianca Isack,
Bettina Bähnsch
Herstellung Evely Xie, Christine Rühmer
Umschlaggestaltung Sonja Gagel

Titel der englischen Originalausgabe:
Meet the Dinosaurs

Übersetzung Simone Heller
Satz Roman Bold & Black

ISBN 978-3-8310-4505-1

Repro Colourscan, Singapore
Druck und Bindung TBB, a.s., Slowakei

MIX
Aus verantwortungs-
vollen Quellen
FSC® C022120

www.dk-verlag.de

Der DK Verlag dankt den folgenden Personen
und Organisationen für die freundliche
Genehmigung zum Abdruck ihrer Fotos:

(Abkürzungen: o = oben, m = Mitte, u = unten,
g = ganz, l = links, r = rechts, H = Hintergrund)

Alamy Images: Robert Harding Picture
Library Ltd **20-21** H, **31** mr H. **Corbis:** Matt
Brown **26-27** H; Larry Lee Photography **18-19**
H, **30** ml H; W. Wayne Lockwood, MD **4-5**
mH, **8-9** H; Charles Mauzy **5**oml H, **24-25** H;
Craig Tuttle **4** urH, **14-15** H, **16-17** H, **28-29**
H, **31** umlH; Jim Zuckerman **6-7**, **30** muH.
DK Images: Jon Hughes **4-5** m, **8-9**. **Getty
Images:** J.P. Nacivet **22-23** H, **31** orH; James
Randklev **4** mH, **10-11** H.

Cover: *Vorn:* **Dreamstime.com:** Mr1805.

Alle weiteren Bilder © Dorling Kindersley

Vorsicht, Dinos!

DK

Vorsicht!
Hier kommen
die Dinosaurier!

Hier brüllt der schreckliche Tyrannosaurus. Er hat ganz scharfe Zähne.

Tyrannosaurus

Zäh**ne**

Hier frisst der riesige Brachiosaurus. Er hat einen richtig langen Hals.

Brachiosaurus

Hals

Hier stapft der starke Triceratops. Er hat drei spitze Hörner.

Triceratops

Horn

Hier läuft der wilde
Velociraptor. Er hat
scharfe Klauen.

Velociraptor

Klaue

Kamm

Corythosaurus

Hier schaut sich der laute Corythosaurus um. Er hat einen hohen Kamm.

Hier flitzt der kleine
Compsognathus.
Er läuft ganz flink.

Fuß

Compsognathus

Hier schnuppert
das schlaue Troodon.
Es hat große Augen.

Troodon

Auge

Hier sonnt sich
der stachlige Stegosaurus.
Mit den Stacheln wehrt er
sich gegen Fleischfresser.

Kopf

Stegosaurus

Der Gallimimus ähnelt einem Vogel. Er hat schmale Beine und einen Schnabel.

Bein

Gallimimus

Schna**bel**

Dorn

Iguanodon

Hier frisst das starke Iguanodon. An jedem Daumen hat es einen Dorn.

Hier läuft der pflanzenfressende Stegoceras. Er hat einen dicken Schädel.

Schädel

Stegoceras

Hier steht der gepanzerte Ankylosaurus. Er hat eine Keule am Schwanz.

Ankylosaurus

Keule

Welchen Dinosaurier
magst du am liebsten?
Den …

schlauen?   schrecklichen?

vogelartigen?

stachligen?

lauten?

Minidino aus Perlen

Bastle dir deinen eigenen Mini-dino aus Perlen! Er ist ein prima Anhänger für deinen Rucksack.

Die beiden Enden über-kreuzen sich in der Perle. Achte immer darauf und ziehe die Schnur fest an.

1 Schiebe die Schnur mit der Mitte durch den Schlüsselring. Fädele beide Enden durch die Schlinge und ziehe fest an.

2 Fädele die Enden der Schnur durch eine grüne Perle, ein Ende von links und eins von rechts.

3 Ziehe fest an der Schnur. So entsteht die Nasenspitze. Fädele jetzt 2 grüne Perlen gleichzeitig auf. Dann eine Reihe aus 3: Gelb, Grün, Gelb. Die gelben Perlen bilden die Augen.

4 Füge eine Reihe aus 3 grünen Perlen an, dann eine aus 2. Fädele 3 grüne und 3 blaue Perlen auf die Schnur und schlängele sie zurück durch die grünen Perlen für das Vorderbein.

Du brauchst

Perlen (2 gelbe, 18 blaue, 43 grüne)

Schlüsselring

Schere

150 cm schwarze Rattail-Schnur

Begriffe

Ankylosaurus
Pflanzenfresser mit
einem Keulenschwanz.

Brachiosaurus
Hochgewachsener
Pflanzenfresser.

Triceratops
Pflanzenfresser
mit drei Hörnern.

Tyrannosaurus
Großer Fleischfresser.

Velociraptor
Schneller, wendiger
Fleischfresser.

Das Dino-Quiz

1. Hat der Tyrannosaurus einen sehr langen Hals?

2. Wie viele Hörner hat der Triceratops?

3. Hat der Velociraptor große, scharfe Klauen?

4. Womit wehrt sich der Stegosaurus?

5. Welcher Tierart sieht der Gallimimus ähnlich?

6. Frisst der Stegoceras Fleisch?

Antworten
1. Nein (der Brachiosaurus), 2. Drei, 3. Ja, 4. Mit seinen Stacheln, 5. Einem Vogel, 6. Nein, er ist ein Pflanzenfresser.

35

Liebe Eltern,

Lesen macht Spaß! Denn es gibt so viele spannende Geschichten. Und Lesen ist sehr nützlich, denn viele Informationen erschließen wir uns lesend.

Mit den **SUPER**LESER!-Büchern für Erstleser möchten wir Ihrem Kind genau das vermitteln. Die Leseabenteuer in vier verschiedenen Lesestufen verbinden wunderbar spannende Geschichten mit vielen interessanten und nützlichen Sachinformationen in unterschiedlichen Textformen.

In den ersten beiden Lesestufen sind die **Sprechsilben der Wörter farbig markiert.** Das erleichtert den Einstieg ins Lesen, weil die Wörter dadurch besser zu verstehen sind.

Mit diesen Tipps und Informationen können Sie Ihr Kind dabei unterstützen, dass es begeistert und erfolgreich lesen lernt:

Haben Sie Geduld! Nicht jedes Kind ist eine geborene Leseratte und manche brauchen etwas länger, um sich mit dem Lesen anzufreunden. Lesen Sie Ihrem Kind vor. Dabei bekommt es ein Gefühl für ausdrucksstarke Sprache und richtige Betonung. Fragen Sie es immer wieder einmal, ob es Ihnen vorlesen möchte.

Je mehr, desto besser! Mit jedem Text, den Ihr Kind liest – sei es ein Gedicht, eine Geschichte oder ein Sachtext –, werden sich seine Lesefähigkeit, sein Gefühl für Sprache und sein Verständnis schwieriger Wörter weiterentwickeln. Am besten liest es regelmäßig, aber nur so lange, wie es mag. Dabei reichen am Anfang zehn Minuten völlig aus.

Nicht zu schnell! Achten Sie darauf, dass Ihr Kind sich Zeit nimmt, jedes Wort in Ruhe auszusprechen und seine Bedeutung zu verstehen. Die Sachtexte sind für Ihr Kind etwas schwerer zu lesen als die erzählenden Passagen. Loben Sie Ihr Kind, wenn es sich ein schwieriges Wort erschlossen hat oder einen Satz noch einmal anders betont liest, nachdem es den Sinn verstanden hat.

Seien Sie ein guter Zuhörer! Wenn es bereit ist, lassen Sie Ihr Kind laut vorlesen und hören Sie ihm aufmerksam zu. Unterbrechen Sie es nur, wenn es wirklich nötig ist. Oder machen Sie zwischendurch, zum Beispiel vor Beginn eines neuen Kapitels, kleine Pausen, in denen Sie über das Gelesene sprechen. Auch die Quizfragen am Buchende bieten eine spielerische Möglichkeit, das Textverständnis zu überprüfen.

Geteilte Freude ist doppelte Freude! Laden Sie andere Zuhörer und Vorleser – Geschwister, Großeltern oder gute Freunde – ein: Lesen Sie mit verteilten Rollen oder veranstalten Sie einen Lesenachmittag. Nach der ersten Aufregung werden Stolz und Freude an den geteilten Geschichten überwiegen.

Seien Sie Vorbild! Wenn Sie selbst viel lesen, wird auch Ihr Kind dies als selbstverständliche und erfüllende Beschäftigung kennenlernen.

Spaß muss sein! Wählen Sie die Bücher und Texte nach den Interessen Ihres Kindes aus. Das erhöht die Lust aufs Lesen und sorgt für lang anhaltende Motivation.

Wir wünschen Ihnen und Ihrem Kind viel Freude beim gemeinsamen Lesen!

Ich werde **Ballerina**

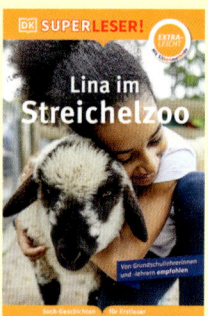

Lina im **Streichelzoo**

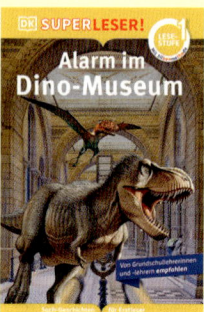

Alarm im **Dino-Museum**

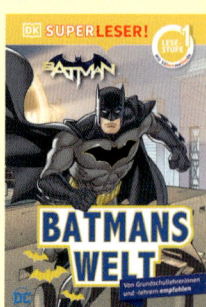

BATMANS WELT

Sophie bei den **Pferden**

STAR WARS WER SIND DIE JEDI-RITTER?

Hallo, **Igel!**

Insekten top getarnt

Vorsicht, **Dinos!**

Willkommen **kleiner Hund!**

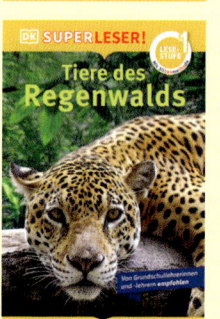

Tiere des **Regenwalds**

STAR WARS THE **MANDALORIAN** GROGUS ABENTEUER

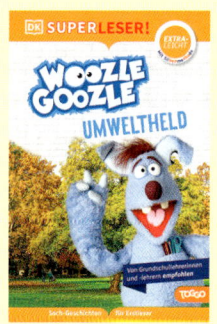

WOOZLE GOOZLE UMWELTHELD

Zu Besuch bei den **Affen**

Wo bist du **kleiner Delfin?**

WOOZLE GOOZLE WELTRAUMABENTEUER